# 外国律师事务所驻华代表机构管理条例

中国法治出版社

# 目 录

中华人民共和国国务院令（第797号）…………（1）

国务院关于修改和废止部分行政法规的决定

    （节录）……………………………………（2）

外国律师事务所驻华代表机构管理条例…………（4）

# 中华人民共和国国务院令

第 797 号

《国务院关于修改和废止部分行政法规的决定》已经2024年11月22日国务院第46次常务会议通过，现予公布，自2025年1月20日起施行。

总理　李强

2024 年 12 月 6 日

# 国务院关于修改和废止部分行政法规的决定（节录）

为全面贯彻党的二十大和二十届二中、三中全会精神，落实党和国家机构改革精神，推进严格规范公正文明执法，优化法治化营商环境，保障高水平对外开放，国务院对涉及的行政法规进行了清理。经过清理，国务院决定：

一、对21部行政法规的部分条款予以修改。（附件1）

二、对4部行政法规予以废止。（附件2）

本决定自2025年1月20日起施行。

附件：1. 国务院决定修改的行政法规
　　　2. 国务院决定废止的行政法规

附件 1

# 国务院决定修改的行政法规

……

二十一、将《外国律师事务所驻华代表机构管理条例》第八条第二款修改为:"前款所列文件材料,应当经申请人本国公证机构或者公证人的公证、其本国外交主管机关或者外交主管机关授权的机关认证,并经中国驻该国使(领)馆认证。中国缔结或者参加的国际条约另有规定的,按照国际条约规定的证明手续办理。"

此外,对相关行政法规中的条文序号作相应调整。

……

# 外国律师事务所
# 驻华代表机构管理条例

(2001年12月22日中华人民共和国国务院令第338号公布 根据2024年12月6日《国务院关于修改和废止部分行政法规的决定》修订)

## 第一章 总 则

**第一条** 为了规范外国律师事务所驻华代表机构的设立及其法律服务活动,根据《中华人民共和国律师法》的规定,制定本条例。

**第二条** 外国律师事务所设立驻华代表机构(以下简称代表机构),从事法律服务活动,适用本条例。

**第三条** 代表机构及其代表从事法律服务活动,应当遵守中国的法律、法规和规章,恪守中国律师职业道德和执业纪律,不得损害中国国家安全和社会公共利益。

**第四条** 代表机构及其代表依照本条例规定从事法律服务活动,受中国法律保护。

**第五条** 外国律师事务所对其代表机构及其代表在中国境内从事的法律服务活动承担民事责任。

## 第二章 代表机构的设立、变更和注销

**第六条** 外国律师事务所在华设立代表机构、派驻代表,应当经国务院司法行政部门许可。

外国律师事务所、外国其他组织或者个人不得以咨询公司或者其他名义在中国境内从事法律服务活动。

**第七条** 外国律师事务所申请在华设立代表机构、派驻代表,应当具备下列条件:

(一)该外国律师事务所已在其本国合法执业,并且没有因违反律师职业道德、执业纪律受到处罚;

(二)代表机构的代表应当是执业律师和执业资格取得国律师协会会员,并且已在中国境外执业不少

于2年，没有受过刑事处罚或者没有因违反律师职业道德、执业纪律受过处罚；其中，首席代表已在中国境外执业不少于3年，并且是该外国律师事务所的合伙人或者是相同职位的人员；

（三）有在华设立代表机构开展法律服务业务的实际需要。

第八条　外国律师事务所申请在华设立代表机构，应当向拟设立的代表机构住所地的省、自治区、直辖市人民政府司法行政部门提交下列文件材料：

（一）该外国律师事务所主要负责人签署的设立代表机构、派驻代表的申请书。拟设立的代表机构的名称应当为"××律师事务所（该律师事务所的中文译名）驻××（中国城市名）代表处"；

（二）该外国律师事务所在其本国已经合法设立的证明文件；

（三）该外国律师事务所的合伙协议或者成立章程以及负责人、合伙人名单；

（四）该外国律师事务所给代表机构各拟任代表的授权书，以及拟任首席代表系该律师事务所合伙人或者相同职位人员的确认书；

（五）代表机构各拟任代表的律师执业资格以及拟任首席代表已在中国境外执业不少于3年、其他拟任代表已在中国境外执业不少于2年的证明文件；

（六）该外国律师事务所所在国的律师协会出具的该代表机构各拟任代表为本国律师协会会员的证明文件；

（七）该外国律师事务所所在国的律师管理机构出具的该律师事务所以及各拟任代表没有受过刑事处罚和没有因违反律师职业道德、执业纪律受过处罚的证明文件。

前款所列文件材料，应当经申请人本国公证机构或者公证人的公证、其本国外交主管机关或者外交主管机关授权的机关认证，并经中国驻该国使（领）馆认证。中国缔结或者参加的国际条约另有规定的，按照国际条约规定的证明手续办理。

外国律师事务所提交的文件材料应当一式三份，外文材料应当附中文译文。

第九条　省、自治区、直辖市人民政府司法行政部门应当自收到申请文件材料之日起3个月内审查完毕，并将审查意见连同文件材料报送国务院司法行政部门审核。国务院司法行政部门应当在6个月内作出决定，对许可设立的代表机构发给执业执照，并对其代表发给执业证书；对不予许可的，应当书面告知其理由。

**第十条** 代表机构及其代表，应当持执业执照、执业证书在代表机构住所地的省、自治区、直辖市司法行政部门办理注册手续后，方可开展本条例规定的法律服务活动。代表机构及其代表每年应当注册一次。

省、自治区、直辖市人民政府司法行政部门应当自接到注册申请之日起2日内办理注册手续。

**第十一条** 代表机构应当按照有关法律、行政法规的规定，办理有关的税务、银行、外汇等手续。

**第十二条** 外国律师事务所需要变更代表机构名称、减少代表的，应当事先向代表机构住所地的省、自治区、直辖市人民政府司法行政部门提交其主要负责人签署的申请书和有关的文件材料，经国务院司法行政部门核准，并收回不再担任代表的人员的执业证书。

代表机构合并、分立或者增加新任代表的，应当依照本条例有关代表机构设立程序的规定办理许可手续。

第十三条 代表机构的代表有下列情形之一的,由国务院司法行政部门撤销其执业许可并收回其执业证书,由省、自治区、直辖市人民政府司法行政部门相应注销其执业注册:

(一) 在其本国的律师执业执照已经失效的;

(二) 被所属的外国律师事务所取消代表资格的;

(三) 执业证书或者所在的代表机构的执业执照被依法吊销的。

第十四条 代表机构有下列情形之一的,由国务院司法行政部门撤销其执业许可并收回其执业执照,由省、自治区、直辖市人民政府司法行政部门相应注销其执业注册:

(一) 所属的外国律师事务所已经解散或者被注销的;

(二) 所属的外国律师事务所申请将其注销的;

(三) 已经丧失本条例第七条规定条件的;

(四) 执业执照被依法吊销的。

依照前款规定注销的代表机构,应当依法进行清算;债务清偿完毕前,其财产不得转移至中国境外。

## 第三章 业务范围和规则

**第十五条** 代表机构及其代表,只能从事不包括中国法律事务的下列活动:

(一)向当事人提供该外国律师事务所律师已获准从事律师执业业务的国家法律的咨询,以及有关国际条约、国际惯例的咨询;

(二)接受当事人或者中国律师事务所的委托,办理在该外国律师事务所律师已获准从事律师执业业务的国家的法律事务;

(三)代表外国当事人,委托中国律师事务所办理中国法律事务;

(四)通过订立合同与中国律师事务所保持长期的委托关系办理法律事务;

(五)提供有关中国法律环境影响的信息。

代表机构按照与中国律师事务所达成的协议约定,可以直接向受委托的中国律师事务所的律师提出要求。

代表机构及其代表不得从事本条第一款、第二款规定以外的其他法律服务活动或者其他营利活动。

第十六条 代表机构不得聘用中国执业律师；聘用的辅助人员不得为当事人提供法律服务。

第十七条 代表机构及其代表在执业活动中，不得有下列行为：

（一）提供虚假证据、隐瞒事实或者威胁、利诱他人提供虚假证据、隐瞒事实以及妨碍对方当事人合法取得证据；

（二）利用法律服务的便利，收受当事人的财物或者其他好处；

（三）泄露当事人的商业秘密或者个人隐私。

第十八条 代表机构的代表不得同时在两个以上代表机构担任或者兼任代表。

第十九条 代表机构的代表每年在中国境内居留的时间不得少于6个月；少于6个月的，下一年度不予注册。

第二十条 代表机构从事本条例规定的法律服务，可以向当事人收取费用。收取的费用必须在中国境内结算。

## 第四章 监督管理

**第二十一条** 国务院司法行政部门和省、自治区、直辖市人民政府司法行政部门依据职责,负责对代表机构及其代表的监督管理。

**第二十二条** 代表机构应当于每年3月31日前向住所地的省、自治区、直辖市人民政府司法行政部门提交执业执照和代表执业证书的副本以及下列上一年度检验材料,接受年度检验:

(一)开展法律服务活动的情况,包括委托中国律师事务所办理法律事务的情况;

(二)经会计师事务所审计的代表机构年度财务报表,以及在中国境内结算和依法纳税凭证;

(三)代表机构的代表变动情况和雇用中国辅助人员情况;

(四)代表机构的代表在中国境内的居留情况;

(五)代表机构及其代表的注册情况;

(六)履行本条例规定义务的其他情况。

省、自治区、直辖市人民政府司法行政部门对设在本行政区域内的代表机构进行年度检验后,应当将检验意见报送国务院司法行政部门备案。

第二十三条　省、自治区、直辖市人民政府司法行政部门依法办理代表机构及其代表注册收取费用,以及对代表机构进行年度检验收取费用,必须严格执行国务院物价行政部门核定的同对中国律师事务所、执业律师相同的收费标准,所收取的费用必须全部上缴国库。

省、自治区、直辖市人民政府司法行政部门依法实施罚款的行政处罚,应当按照有关法律、行政法规的规定,实行罚款决定与罚款收缴分离;收缴的罚款以及依法没收的违法所得,必须全部上缴国库。

## 第五章　法律责任

第二十四条　代表机构或者代表危害中国国家安全、公共安全或者社会管理秩序的,依照刑法关于危害国家安全罪、危害公共安全罪或者妨害社会管理秩序罪的规定,依法追究刑事责任,并由国务院司法行政部门吊销该代表机构的执业执照或者该代表的执业证书；尚不够刑事处罚的，依法给予治安管理处罚，并由国务院司法行政部门吊销该代表机构的执业执照或者该代表的执业证书。

**第二十五条** 代表机构或者代表违反本条例第十五条的规定，非法从事法律服务活动或者其他营利活动的，由省、自治区、直辖市人民政府司法行政部门责令限期停业；情节严重的，由国务院司法行政部门吊销该代表机构的执业执照或者该代表的执业证书。

有前款所列违法行为的，由省、自治区、直辖市人民政府司法行政部门没收违法所得，对首席代表和其他负有直接责任的代表各处5万元以上20万元以下的罚款。

**第二十六条** 代表机构有下列情形之一的，由省、自治区、直辖市人民政府司法行政部门给予警告，责令限期改正；情节严重的，由省、自治区、直辖市人民政府司法行政部门责令限期停业；逾期仍不改正的，由国务院司法行政部门吊销其执业执照：

（一）聘用中国执业律师，或者聘用的辅助人员从事法律服务的；

（二）开展法律服务收取费用未在中国境内结算的；

（三）未按时报送年度检验材料接受年度检验，或者未通过年度检验的。

有前款第（二）项所列违法行为的，由省、自治区、直辖市人民政府司法行政部门对其处以应当在中国境内结算的金额1倍以上3倍以下的罚款。

第二十七条　代表机构或者代表有下列情形之一的，由省、自治区、直辖市人民政府司法行政部门给予警告，没收违法所得；情节严重的，责令限期停业，并处2万元以上10万元以下的罚款：

（一）同时在两个以上代表机构担任或者兼任代表的；

（二）泄露当事人的商业秘密或者个人隐私的；

（三）利用法律服务的便利，收受当事人财物或者其他好处的。

第二十八条　代表机构注销，在债务清偿完毕前将财产转移至中国境外的，由省、自治区、直辖市人民政府司法行政部门责令退回已转移的财产，用于清偿债务；严重损害他人利益的，对其首席代表和其他直接责任人员依照刑法关于藏匿财产罪的规定，依法追究刑事责任；尚不够刑事处罚的，由省、自治区、直辖市人民政府司法行政部门对代表机构处 5 万元以上 30 万元以下的罚款，对首席代表和其他直接责任人员各处 2 万元以上 10 万元以下的罚款。

第二十九条　代表机构的代表提供虚假证据、隐瞒事实或者威胁、利诱他人提供虚假证据、隐瞒事实的，依照刑法关于妨害作证罪的规定，依法追究刑事责任，并由国务院司法行政部门吊销其执业证书。

第三十条　外国律师事务所、外国律师或者外国其他组织、个人擅自在中国境内从事法律服务活动，或者已被撤销执业许可的代表机构或者代表继续在中国境内从事法律服务活动的，由省、自治区、直辖市人民政府司法行政部门予以取缔，没收违法所得，并处 5 万元以上 30 万元以下的罚款。

第三十一条　代表机构被依法吊销执业执照的，该代表机构所属的外国律师事务所 5 年内不得申请在华设立代表机构；代表机构的代表被依法吊销执业证书的，该代表 5 年内不得在华担任代表机构的代表。

代表机构的代表因危害中国国家安全、公共安全或者社会管理秩序，被依法判处刑罚的，该代表所在的代表机构所属的律师事务所不得再申请在华设立代表机构，该代表终身不得在华担任代表机构的代表。

第三十二条　司法行政部门工作人员有下列违法行为之一的，对负有责任的主管人员和其他直接责任人员依法给予记过、记大过或者降级的行政处分：

（一）不按照本条例规定的条件对拟设代表机构、拟任代表的证明文件、材料进行审查、审核的；

（二）不按照本条例的规定对代表机构进行注册或者年度检验的；

（三）不按照国家规定收费项目、收费标准收取费用的。

第三十三条　司法行政部门工作人员有下列违法行为之一的，对负有责任的主管人员和其他直接责任人员依法给予降级、撤职或者开除的行政处分：

（一）对不符合本条例规定条件的拟设代表机构或者拟任代表决定发给执业执照、执业证书的；

（二）利用职务上的便利收受财物、谋取私利的；

（三）违反本条例的规定，对应当撤销代表机构或者代表执业许可，收回执业执照、执业证书的不予撤销、收回，或者对应当注销的执业注册不予注销的；

17

（四）依法收缴罚款不开具罚款收据或者不如实填写罚款数额的；

（五）不执行罚款收缴分离制度或者不按照规定将依法收取的费用、收缴的罚款及没收的违法所得全部上缴国库的；

（六）对代表机构及其代表违反本条例规定的行为不及时查处的；

（七）有不严格执法或者滥用职权的其他行为，造成严重后果的。

有前款所列违法行为之一，致使公共财产、国家和人民利益遭受严重损失的，依照刑法关于滥用职权罪、玩忽职守罪或者受贿罪的规定，依法追究刑事责任。

## 第六章 附 则

**第三十四条** 中国的单独关税区的律师事务所在内地设立代表机构的管理办法，由国务院司法行政部门根据本条例的原则另行制定。

**第三十五条** 本条例自2002年1月1日起施行。

本条例施行前经国务院司法行政部门许可已经试开业的外国律师事务所驻华办事处以及试执业的代表，应当自本条例施行之日起90日内依照本条例的规定重新申请办理审批手续。

### 外国律师事务所驻华代表机构管理条例
WAIGUO LÜSHI SHIWUSUO ZHUHUA DAIBIAO JIGOU GUANLI TIAOLI

经销/新华书店
印刷/保定市中画美凯印刷有限公司
开本/850 毫米×1168 毫米　32 开　　　印张/0.75　字数/8 千
版次/2025 年 1 月第 1 版　　　　　　　2025 年 1 月第 1 次印刷

中国法治出版社出版
书号 ISBN 978-7-5216-4994-9　　　　　　　定价：5.00 元

北京市西城区西便门西里甲 16 号西便门办公区
邮政编码：100053　　　　　　　　　传真：010-63141600
网址：http://www.zgfzs.com　　　　编辑部电话：010-63141673
市场营销部电话：010-63141612　　　印务部电话：010-63141606

（如有印装质量问题，请与本社印务部联系。）